LANTERNE

D'UN

PAYSAN

SUR LE

PLÉBISCITE DU 8 MAI

———————

GRENOBLE

F. ALLIER PÈRE & FILS, IMPRIMEURS, GRANDE-RUE, 8

—

1870

Vous me réclamez avec instance mon avis sur le scrutin qui va s'ouvrir dans toute la France sur les réformes constitutionnelles contenues dans le sénatus-consulte du 20 avril 1870. Pensant que vous pouviez vous adresser à toute autre personne ayant plus d'autorité que moi, j'étais peu disposé à vous satisfaire. Mais aujourd'hui, en présence du programme et le but caché ou avoué de l'opposition systématique, toute hésitation doit disparaître. Je viens donc humblement, mais avec une profonde conviction, aborder le sujet qui vous préoccupe à juste titre.

Je vous avouerai d'abord que la situation intérieure actuelle de la France est grave. L'Empire a bientôt vingt ans d'existence, c'est bien long pour les impatients. Le suffrage universel s'est modifié dans ses éléments. La génération qui a assisté ou concouru à l'établissement du second Empire a fait place à une autre, ardente et pleine de sève. La vie politique renaît partout à la ville et à la campagne.

Tout le monde veut ou désire la liberté, mais par des moyens différents. Les uns, et c'est le plus grand nombre, la veulent par le perfectionnement de la Constitution impériale, les autres par la révolution afin de ramener les régimes politiques que l'expérience a déjà condamnés.

Dans de telles conditions, le scrutin du 8 mai sera l'affirmation ou la négation de l'Empire.

Les partis dissidents manœuvrent depuis quelque temps avec une grande habileté. Ils revendiquaient avec éclat la liberté politique, moins pour l'obtenir immédiatement que pour effrayer le gouvernement impérial, l'arrêter dans sa marche libérale, et le faire tomber dans le piége où ils sont tombés eux-mêmes. Ils comprennent à merveille qu'un gouvernement résolu comme celui de l'Empire, qui d'absolu devient libéral, qui avance dans la voie du progrès, malgré la crainte d'amis dévoués et la haine de ses adversaires, qui donne sans reprendre, est décidé à satisfaire toute aspiration légitime d'un grand peuple.

De là est née la coalition des partis sous la dénomination impropre d'*union libérale*.

L'union libérale, comme vous le voyez, n'est pas la fusion des partis concourant au perfectionnement de notre constitution politique fondée sur le suffrage universel : c'est l'alliance momentanée des légitimistes, des orléanistes et des républicains de toutes nuances, ayant pour but le renversement de l'Empire.

Aucun des coalisés n'abdique sa foi politique ; seulement chacun raisonne à son point de vue.

Le républicain laisse croire au monarchiste qu'il sera dupe de son alliance. Le monarchiste, malgré la certitude qu'il a de voir la victoire passer premièrement dans les mains de son coassocié, espère qu'une troisième République fera comme ses aînées, compromettra les intérêts sociaux et provoquera ainsi une réaction favorable à ses desseins. Tout cela est fort habile, Machiavel n'aurait pas mieux pensé ; mais en fait, c'est la guerre civile avec toutes ses conséquences. Quand je vois des hommes estimés et honorés à plus d'un titre, accepter devant l'histoire une pareille responsabilité, ma raison reste confondue. Qu'un député défende les droits et la liberté de tous, rien de mieux ; mais sa probité politique lui interdit de représenter des opinions différentes. S'il agit autrement, il dénature son mandat, lui donne un caractère spécial corrélatif au but que chaque opinion veut atteindre. Je n'admets pas plus le cumul des opinions que celui des gros traitements : l'un infirme la probité politique et l'autre blesse le sentiment public.

L'opposition législative, qui se targue de tant de libéralisme, n'est donc qu'un camp de coalisés combinant ses efforts moins pour l'avénement de la liberté que pour le renversement de l'Empire.

L'union libérale, ou mieux la coalition, constitue, malgré ses éléments hétérogènes, une force considérable, mais qui est plus apparente que réelle. Elle ne consiste que dans l'habileté qu'elle déploie pour masquer le but où elle tend et dans l'emploi des moyens d'y arriver. Elle chante à la fois la liberté et la diminution des impôts. Les impôts sont-ils si lourds qu'on veut bien le dire ? L'impôt foncier a-t-il augmenté depuis cinquante ans ? La propriété foncière n'est-elle pas dans de meilleures conditions que sous les régimes précédents ?

La valeur vénale et locative n'a-t-elle pas augmenté dans des proportions considérables ? L'impôt mobilier n'a-t-il pas suivi la marche progressive de l'aisance publique et de la valeur locative des immeubles ? L'impôt des boissons n'est-il pas, à proprement parler, un impôt de luxe ? Si le riche et l'ouvrier vont au cabaret, c'est qu'ils ont de l'argent de reste et du temps à perdre. Si l'on exagère les charges des contribuables, on se garde bien de signaler les améliorations réalisées à leur profit. Pour n'en citer qu'une, la substitution de l'abonnement scolaire au taux mensuel des écoles primaires, n'a-t-elle pas donné à chaque père de famille une décharge moyenne de 12 fr. par an. Et puis, tous les partis coalisés n'ont-ils pas disposé des mêmes impôts ? les ont-ils diminués ? Tout cela est de la glu électorale. Est-ce à dire que tout est pour le mieux ? J'ose dire que non. Il y a beaucoup à faire ; il y a de grandes réformes à introduire dans notre système financier. L'impôt devant subvenir aux charges de l'État et à la sauvegarde des intérêts de tous les citoyens, chacun doit payer selon ce qu'il possède. Il faut de l'équité dans l'impôt.

Le suffrage universel étant la base de notre droit public et politique, l'instruction primaire gratuite et obligatoire doit être sa conséquence nécessaire. Ceux qui veulent la gratuité des écoles primaires sans l'obligation légale se trompent. Elle est insuffisante ; le père et l'enfant peuvent en abuser.

Le législateur doit ici invoquer la raison d'État. La violation de la liberté du père de famille n'est que tempóraire, puisqu'elle disparaît aussitôt que l'enfant sait lire et écrire.

L'obligation ne doit pas aller au-delà. L'instruction du peuple doit être un service public. Toutes ces réformes ne peuvent pas s'obtenir en un jour ; c'est une question de temps et de sagesse, non de révolution.

Cependant cette vérité semble échapper au grand nombre des habitants de la campagne. Évidemment ils ne connaissent pas le véritable sens du mot opposition. Distinguons : en politique, il y a deux espèces d'oppositions ; l'une constitutionnelle, l'autre révolutionnaire.

La première est monarchique ou républicaine, suivant la forme du gouvernement dans laquelle elle se produit ; la seconde est, dans un sens, diamétralement opposée. L'une approuve parfois, blâme souvent, sans chercher à altérer le pacte social dont elle demande seulement le perfectionnement progressif et continu ; elle représente l'évolution du progrès social sans violence. — L'autre est systématique, elle n'approuve jamais ; elle promet tout pour renverser le pouvoir qui la gêne, c'est la révolution.

Il ressort de ce simple rapprochement que l'électeur peut être dupe de sa bonne foi.

Séparons un instant les éléments de l'opposition irréconciliable, et voyons rapidement leur passé et leurs espérances.

La légitimité, qui se dit issue du droit divin, n'est au fond que le résultat de l'usurpation de Hugues-Capet.

Elle a laissé dans notre histoire des pages glorieuses et des jours néfastes, tout en constituant notre unité nationale.

Le prétendu droit divin a disparu aujourd'hui devant le droit du peuple. S'il espère s'imposer, il se trompe étrangement ; le peuple souverain n'abdiquera jamais. — Je l'engage à vivre *de souvenir*.

———

L'orléanisme est la conséquence d'une conspiration prévue par Louis XIV, continuée dans les orgies de Louis XV, accentuée à la mort du roi Louis XVI, entrevue dans l'affaire Didier et terminée par le règne de Charles X, en 1830.

A cette époque, lorsque le peuple et l'armée revirent le drapeau tricolore, ils saluèrent en lui le drapeau glorieux de la République et de l'Empire.

Le roi de Rome eût été proclamé empereur des Français si la volonté nationale avait été alors consultée. On préféra l'escamoter. Aussi la monarchie de Juillet sera-t-elle considérée par l'histoire comme une double usurpation. Subie et toujours contestée, elle a vécu dix-huit ans, avec les troubles dans la rue, en donnant à la France une paix humiliante ; puis elle a disparu devant une émeute, sans amis disposés à la défendre.

L'orléanisme caresse à la fois les légitimistes et les républicains ; les convie au renversement de l'Empire dans l'espoir de profiter seul de la victoire commune.

C'est sous son inspiration que fut votée la loi du 31 mai 1850, qui enlevait le droit de suffrage à trois millions de

Français. Son programme veut le suffrage universel restreint, le rétablissement des catégories de citoyens.

———————

Le socialisme est la négation de l'état social, le bouleversement de tous les intérêts. L'inégalité des conditions et des salaires est la conséquence absolue de l'inégalité des facultés physiques et morales de l'homme. Vouloir les faire disparaître, c'est courir après des fantômes, des ruines.

La propriété et le capital n'auront jamais pour sources véritables que le travail et l'épargne. Le socialisme est une utopie, mais il est redoutable parce qu'il fait appel aux appétits grossiers du pauvre. Rochefort l'a formulée ainsi dans sa constitution :

« Art. 1er. Il n'y a plus rien.

« Art. 2. Personne n'est chargé de l'exécution du présent décret. »

La France prendrait-elle un jour le vertige pour mettre en pratique cette bouffonnerie politique !

———————

Le second Empire a succédé à la République de 1848 comme le premier à celle de 1792. Ils ont été tous deux l'expression directe de la volonté nationale librement exprimée. Or, comme tout pouvoir réside dans la souveraineté du peuple, il s'ensuit que tout pouvoir qui n'est pas sanctionné par elle, constitue un gouvernement d'usurpation.

Devant l'histoire, les deux Empires sont donc les seuls gouvernements légitimes qu'ait possédés la France.

Dans le second Empire comme dans le premier, les républicains sincères ont regretté le fait accompli. Ils ont cru la cause de la liberté à jamais perdue. En cela la noblesse de leurs sentiments les a trompés.

Le premier Empire ne pouvait pas nous donner la liberté parce qu'il devait batailler contre les préjugés et continuer l'œuvre de la Révolution.

En échange il nous a légué une gloire immortelle et l'égalité civile. Le second, en rétablissant le suffrage universel mutilé par la République, a donné à la France l'égalité politique.

Les hommes convaincus qui n'ont jamais vu dans le gouvernement républicain que le bonheur des peuples, ont raison s'ils le considèrent comme la somme de toutes les libertés, comme la dernière formule du progrès humain. C'est le but et non le moyen. Le gouvernement républicain, allant à la recherche des libertés, n'a donné jusqu'ici que l'anarchie. Si donc la République est le dernier idéal politique des sociétés modernes, nous ne pourrons l'obtenir que par des réformes, des évolutions successives par l'usage de la liberté. Il faut pour cela élever le niveau moral et intellectuel des peuples. Il faut que chaque génération fasse son étape sans impatience. Proclamée deux fois en France dans l'espace de cinquante ans, en dehors de ces conditions, elle n'a produit que deux dictatures sauvant la société en péril.

L'Empire, par son origine démocratique, peut seul

nous y conduire ; et alors le dernier des Napoléon, fier de l'œuvre de sa race, pourra sans amertume descendre les marches du plus beau trône du monde pour devenir un grand citoyen dans un pays libre.

———

La France, effrayée par les déplorables journées de Juin, amoindrie dans sa souveraineté par la loi du 31 mai, inquiète de son lendemain par les tiraillements des partis dans l'assemblée législative, accepta le 2 décembre et acclama l'Empire pour avoir l'ordre et la liberté dans l'ordre. Le second Empire a eu par conséquent une double mission à remplir.

La première partie de son redoutable programme a été admirablement accomplie : dix-huit ans de calme, de tranquillité dans la rue, est un fait inouï dans nos annales. Pour arriver à un pareil résultat, il fallait, au début, une main ferme, résolue, bienfaisante. Tout en ramenant la confiance, la sécurité, et en faisant rentrer l'ouvrier dans l'atelier, il fallait aborder le périlleux problème du travail discuté au palais du Luxembourg, c'est-à-dire concilier le travail et le capital en assurant l'indépendance de l'un et de l'autre. Cette tâche difficile indique sa première évolution libérale.

Le second Empire a pris une marche contraire à celle de ses devanciers, qui sont toujours partis de la liberté politique pour aller à la recherche du progrès social. Il a eu raison ; il a été logique, car si la liberté politique et la liberté économique sont sœurs, cette dernière doit précéder l'autre.

De là cette série de réformes, telles que la liberté commerciale, remplaçant le régime protecteur, substituant l'initiative privée à celle de l'État, la liberté d'association, la liberté de coalition, l'abrogation de l'art. 1781 du Code Napoléon, faisant disparaître, devant la justice, l'inégalité de l'ouvrier vis-à-vis du patron ; enfin, l'abolition du livret n'est-ce pas l'affranchissement du travail et la solution du droit au travail dans sa véritable acception ? En agissant ainsi, l'Empire préparait en la facilitant la seconde partie de son programme.

Pendant la période de dix-huit ans de règne, l'Empire a commis des fautes, mais il a fait de grandes choses, et l'on ne peut contester qu'un progrès considérable ne soit accompli.

Dans l'élection du 22 au 23 mai 1869. la France, en manifestant ses aspirations vers la liberté, a précipité son avénement. Nous sommes aujourd'hui en présence d'une révolution pacifique sans exemple dans les annales de l'histoire.

L'Empire absolu, autoritaire, disparaît dans un Empire libéral et démocratique.

La France reprend le premier rang parmi les nations civilisées.

Cette transformation inattendue, mais espérée, déconcerte la réaction royaliste et paraît insuffisante à l'opposition républicaine, qui n'y voit que le simulacre d'un gouvernement libéral et démocratique.

Voyons ce qu'il y a de vrai ou de faux dans cette allégation. Laissons les points de contact ; constatons les différences principales :

CONSTITUTION DE 1852.	CONSTITUTION DE 1870.
1° Le pouvoir constituant appartient au Sénat.	1° Le pouvoir constituant appartient au peuple.
2° Le Sénat a seul le droit de recevoir les pétitions.	2° Ce droit est partagé par le Sénat et le Corps législatif.
3° L'Empereur a seul l'initiative des lois.	3° L'initiative des lois appartient à l'Empereur, au Sénat et au Corps législatif.
4° L'Empereur fait les traités de commerce ayant force de loi pour les modifications de tarifs qui y sont stipulées.	4° Les modifications apportées aux tarifs des douanes par les traités de commerce ne seront obligatoires qu'en vertu d'une loi.
5° Les ministres ne dépendent que de l'Empereur, ils ne sont responsables que chacun en ce qui les concerne ; il n'y a point de solidarité entre eux ; ils ne peuvent être mis en accusation que par le	5° Les ministres délibèrent en conseil sous la présidence de l'Empereur. Ils sont responsables. Ils peuvent être mis en accusation par le Sénat et le Corps législatif. Les ministres peuvent être pris dans le Sénat

1852.	1870.
Sénat. Les ministres ne peuvent être ni députés ni sénateurs.	et le Corps législatif.
6° Les séances du Sénat ne sont pas publiques.	6° Les séances du Sénat sont publiques.
7° Le président et les vice-présidents du Corps législatif sont nommés par l'Empereur.	7° Le Corps législatif élit, à l'ouverture de chaque session, les membres qui composent son bureau.

L'évidence de ces réformes libérales est trop considérable pour être contestée, seulement on cherche à l'obscurcir en lui opposant le droit d'appel au peuple, de dissolution réservé à l'Empereur, et l'hérédité de la couronne impériale. Dans l'un on veut voir le pouvoir personnel et ses abus, et dans l'autre une déchéance de la souveraineté du peuple.

Le droit de dissolution existe dans toutes les constitutions libérales de l'Europe. En France, il est inscrit dans la charte de 1814, — 1830, — 1848.

C'est un moyen légal de consulter le pays lorsqu'il y a dissidence entre le Corps législatif et le pouvoir exécutif.

Dans un gouvernement libéral issu du suffrage universel, l'appel au peuple est nécessaire pour convier le peuple souverain à ses propres affaires, et au règlement des conflits qui peuvent s'élever entre les pouvoirs constitués.

Ce droit réservé au chef de l'État n'a pas l'importance qu'on lui attribue, parce qu'il a son correctif dans la souveraineté nationale.

Supposez le Corps législatif refusant de voter une loi d'initiative impériale; le chef de l'État dissout la chambre et fait appel au peuple : Le peuple approuve les députés; le chef de l'État acceptera le verdict du pays, ou il lui opposera la force, c'est-à-dire l'armée; mais l'armée est composée d'électeurs, le citoyen ici remplacerait le soldat, et le fusil Chassepot resterait paralysé dans ses mains.

L'appel au peuple est un rouage constitutionnel nécessaire. Il est impuissant et dangereux pour celui qui l'exerce; il empêche le despotisme du Sénat ou du Corps législatif et sauvegarde la souveraineté nationale.

L'hérédité de la couronne impériale n'est pas un droit absolu imprescriptible, c'est tout simplement une délégation. Elle peut durer tant que le peuple français le permettra. Au reste, cette question est réservée et n'est pas posée de nouveau.

L'opposition, en la soulevant, cherche à égarer l'opinion publique.

La France n'a pas à opter entre l'Empire, la République de Jules Favre ou de Rochefort, la monarchie des Bourbons de la branche aînée ou cadette.

Il s'agit de ratifier un plébiscite formulé ainsi :

« Le peuple français approuve les réformes libérales
« opérées depuis 1860 par l'Empereur, avec le concours
« des grands corps de l'Etat, et ratifie le sénatus-consulte
« du 20 avril 1870. »

Il n'y a donc ici ni déchéance ni abdication. C'est un
vote pour la liberté parlementaire que nous avons récla-
mée.

Il importe de ne pas vous laisser égarer sur ce point et
tomber sous le coup d'une mystification. Que le paysan se
méfie de ces apôtres de la bonne nouvelle, qui croient que
la *Marseillaise* de Rochefort est l'évangile du peuple, et
qui lui diront mystérieusement à l'oreille quelques gros
mensonges à effet. Le paysan ne doit plus se laisser pren-
dre à ces amorces grossières indignes d'un peuple civi-
lisé.

— La vérité vraie est celle-ci :

La Constitution de 1852 donnait à l'Empereur un pouvoir immense, absolu, qui inquiétait la France et alarmait
l'Europe. Les lois, les réformes, les impôts dépendaient
de son initiative ou des caprices de ses ministres irres-
ponsables. Par le plébiscite du 8 mai, l'Empereur renonce
au pouvoir discrétionnaire qu'il tenait de la Constitution
de 1852 et rend la France maîtresse de ses destinées.
L'opposition ne comptait pas sur une pareille abdication.
Elle repousse la Réforme constitutionnelle, parce qu'elle
déjoue ses calculs ; sa mauvaise foi est manifeste. Les
royalistes voulaient traverser la mer rouge révolutionnaire
pour aller à la terre promise. — Les républicains socia-
listes ne veulent pas la liberté parce que ce n'est pas eux
qui la donnent. Hors de leur Église point de salut. Le

8 mai ils tiennent à ce que la France la déclare infaillible. Décidément l'exemple est contagieux.

La Constitution impériale, fixée et votée par le Sénat le 20 avril 1870, avec les réformes obtenues depuis 1860, est supérieure à celles tant vantées de la Belgique et de l'Angleterre, puisqu'elle a pour base la souveraineté du peuple, et peut se comparer sans désavantage à la constitution américaine. Ce n'est pas encore la perfection, mais un moyen pour l'obtenir.

La France refusera-t-elle ce qu'elle cherche depuis quatre-vingts ans : la liberté dans la stabilité. Aux aspirations irréfléchies et parfois généreuses de la jeunesse, aux ambitions avouées ou cachées, n'opposera-t-elle jamais les leçons de l'expérience? Se condamnera-t-elle à demander toujours à l'émeute ou à la révolution la satisfaction de ses intérêts les plus légitimes?

Les paysans dont les enfants ont combattu à Magenta et à Solferino pour donner la liberté à l'Italie, la refuseront-ils à leur pays? Les paysans qui ont fondé l'Empire autoritaire pour sauvegarder leurs champs, refuseront-ils de fonder l'Empire libéral pour les protéger contre la révolution socialiste?

La liberté est le respect du droit de tous et de chacun : le suffrage universel en nous donnant un droit légal, le droit de vote, impose à chacun le devoir de respecter le droit de tous et de chacun. Tout citoyen qui refuse de s'y soumettre est hors la loi et devient anarchiste ou révolutionnaire. Plus cette majorité est grande, libre, plus elle donne de force, de puissance ou de faiblesse à l'institution qu'elle affirme ou repousse.

La France, dans son vote du 8 mai, va donc donner à notre édifice politique, libéral et démocratique, la stabilité ou marcher de nouveau vers l'inconnu.

Les *oui*, c'est la liberté parlementaire acclamée évoluant pacifiquement sur la route de l'émancipation définitive, c'est le progrès véritable et continu.

Les *non* et l'abstention, c'est l'incertitude, le marasme dans les affaires, c'est la misère des travailleurs, c'est le triomphe de la révolution, de cette liberté avinée, gouailleuse, haineuse, qui n'a que l'insulte et l'injure à la bouche et qui s'affirme sous la plume de quelques misérables pamphlétaires.

C'est, d'un coté, le triomphe de la démocratie pacifique, et de l'autre, celui de la licence.

Entre les deux mon choix est fait.

J'ai voté la Constitution de 1852 pour avoir l'ordre, qui est le terrain pratique de la liberté.

Je voterai la Constitution de 1870, parce que je veux la liberté dans l'ordre.

Je voterai la Constitution de 1870, parce qu'elle peut me donner, par l'initiative du Corps législatif, le possible et le réalisable, l'équité dans l'impôt et l'instruction gratuite du peuple.

Je voterai la Constitution de 1870, parce qu'elle proclame, en face du concile romain, les grands principes de 1789 : la souveraineté du peuple, la liberté de conscience, et parce qu'elle proteste ainsi avec les Gratry, les Dupanloup, les Maret, les Darboy, les Ginoulhiac, contre ceux qui veulent à tout prix empêcher la conciliation des vérités éternelles de l'évangile avec la civilisation moderne.

Je voterai selon ma conscience et ma raison et sans pression, parce que je ne veux ni en subir ni en imposer aucune.

Vous m'avez demandé les raisons de mon vote, les voilà; mon rôle est fini, je souffle ma lanterne et je vous la laisse. Vous pouvez la rallumer si bon vous semble et en faire ce qu'il vous plaira. Vous devez être, comme moi, libre devant l'urne électorale.